Yc

88073

RECUEIL

DE

CHANSONS

Par Jules BORDET

DE COINCY.

1862

Copie d'une lettre de Béranger

A L'AUTEUR DES CHANSONS CI-CONTRE.

Je vous remercie, Monsieur, des deux chansons que vous m'envoyez, et suis heureux de vous les avoir inspirées ; bien que je ne mérite que faiblement les éloges que vous voulez bien me donner.

Il y a de la poésie chantante dans ces couplets, et le travail des vers en est remarquable.

Mais si vos chansons m'ont fait plaisir, votre lettre m'a fait peine ; vous êtes malheureux, Monsieur, et à une époque où il y a bien peu de remède à cette triste maladie que j'ai trop connue, pour ne pas vous plaindre de tout mon cœur ; je plains votre situation, croyez-le-bien, mais je plains aussi ce que je crois remarquer en vous d'humeur misanthropique. Ne vous exagérez-vous pas un peu les torts de vos semblables ? Croyez-moi, je connais mieux les hommes que vous et je suis assuré que, quel que soit l'égoïsme du monde actuel, il y a encore de bonnes âmes, encore des cœurs charitables, même parmi les plus riches.

Vous me demandez dans la deuxième de vos chansons, comment j'ai fait pour gagner ma vie ? Hélas ! je dois vous l'avouer, je n'ai pas fait grand chose de bon, j'ai eu du bonheur parce que j'ai eu des amis ; vous dire comment je me suis fait aimer, je ne le saurais ; la seule qualité que je me connaisse, c'est de n'avoir jamais envié ni la fortune, ni le succès des autres quand j'étais inconnu et pauvre. A 42 ans, je n'avais pas de feu dans mon taudis, même au plus fort de l'hiver; j'étais résigné et il m'est arrivé quelques rayons de soleil.

Je vous dis tout cela, Monsieur, parce que je ne sais de quelle autre manière vous être utile. Veuillez croire au moins à tous les vœux que je fais pour l'amélioration de votre sort, en m'étonnant toutefois que vos compatriotes n'aient pas encore apprécié tout ce qu'il y a d'avenir dans votre esprit.

Avec mes remerciements pour vos chansons, recevez monsieur, l'assurance de ma considération toute cordiale,

BÉRANGER.

Passy, 8 février 1849.

P. S. Vous avez par mégarde laissé passer une faute dans le 1er couplet de la deuxième chanson : *tu plias sous le faix*, et non *le fait*.

I.

AUX SOUSCRIPTEURS.

Air de : *Vive Paris* ou *O Manuel.*

Las de rimer des couplets trop futiles
Et dont les fruits ne furent qu'onéreux,
Ma voix enfin en vers moins inutiles
Vient faire appel à vos cœurs généreux.
Si sur son luth ma faible muse expire,
Vite, à son aide, empêchez son trépas ;
Aidez-moi tous à remonter ma lyre.
Mes bons amis, ne m'abandonnez pas.

Je vis obscur, au sein de la misère,
Dieu, qui voit tout, n'a pas pitié de moi :
M'a-t-il maudit dès le sein de ma mère,
Ou du bonheur m'a-t-il mis hors la loi ?
Qu'à mes désirs l'amitié soit propice ;
C'est à vos cœurs que j'en appelle, hélas !
Pour que je croie encore à la justice,
Mes bons amis, ne m'abandonnez pas.

J'ai vu sur moi pleuvoir bien des outrages ;
La calomnie a de son noir venin,
Accumulé sur moi bien des orages
Que j'accueillis d'un air plus que bénin.
Sur moi, mon Dieu, pourquoi tant de colères ?
A l'infortune, ouvrez plutôt les bras :
En Jésus-Christ, ne sommes-nous pas frères ?
Mes bons amis, ne m'abandonnez pas.

Nombreux enfants de la grande famille,
Fils d'ouvriers, à vous seuls j'ai recours ;

Si mes couplets, où peu de talent brille,
Touchent vos cœurs, venez à mon secours.
Encouragez mes chants en cette épreuve,
Et de vos mains, sans stériles débats,
Laissez tomber l'obole de la veuve :
Mes bons amis, ne m'abandonnez pas.

J. BORDET.

II.
AUX OUVRIERS DES CAMPAGNES.

Air : *Laissez les roses aux rosiers.*
Ou : *Certaine veuve encor gentille.*

Heureux habitants des campagnes,
Qui dès l'aurore chaque jour,
Dans nos plaines, sur nos montagnes,
Fouillez le sol avec amour ;
Ce sol vous rend avec largesse
Le fruit d'un pénible labeur :
La France vous doit sa richesse,
Le peuple vous doit son bonheur.

C'est par vos soins que l'abondance
Renaît de nos riches moissons,
Et tous les jours la Providence
Sourit d'en haut à vos chansons.
Loin du faste et de la mollesse,
C'est à vous, essaim travailleur,
Que la France doit sa richesse,
Que le peuple doit son bonheur.

N'enviez pas des grandes villes
L'apparence d'oisiveté ;
Aux champs vous vivez plus tranquilles

Et goûtez mieux la liberté.
Le hoyau que votre main presse
Se plie au gré de votre ardeur ;
La France vous doit sa richesse,
Le peuple vous doit son bonheur.

Bons moissonneurs, quand dans la grange
Sont serrés vos produits nombreux ;
Gais vignerons, quand la vendange
Fait plier vos ceps généreux,
Alors, au sein de l'allégresse,
Vous pouvez répéter en chœur :
La France nous doit sa richesse,
Le peuple nous doit son bonheur.

J. BORDET.

III.

Appel à l'Amitié.

Air : *Sous un vieux chêne après un jour d'orage.*

—

Chanson composée en 1852, au moment où tant de partis se
déchiraient, et qui n'eut qu'un but, celui de rappeler tous les
Français sous le même drapeau : celui de l'union.

—

Il est donc vrai ; la hideuse discorde
Doit diviser les hommes ici-bas.
Au lieu de paix, d'union, de concorde,
Pourquoi toujours des luttes, des combats ?
Ah ! du bonheur le chemin salutaire
Serait tracé, si nous étions unis :
Pour nous aimer, Dieu nous mit sur la terre ;
Pauvres humains, redevenons amis,

De son parti chacun en politique
Vante le droit et la force et le bien ;
Trop confiant en leur dialectique,
Le peuple accourt écouter... quoi donc ? Rien.
Lorsqu'à la voix de ces dignes oracles,
Le cou tendu, nous restons ébahis,
Le ciel pour nous enfante des miracles :
Pauvres humains, redevenons amis.

Puis, lorsque sonne une marche guerrière,
Nous y courons en nombreux bataillons ;
Avec regret, prodiguant sa lumière,
Le blond Phœbus cache un de ses rayons.
Pourquoi du ciel méprisant les préceptes,
Sur son prochain se croire tout permis ?
La charité seule fait des adeptes :
Pauvres humains, redevenons amis.

Quel est ce char qui couvre de poussière
L'homme indigent qu'il rencontre en chemin ?
D'un débauché c'est la course dernière,
Quand sur son or Harpagon meurt de faim ;
Lorsque tous deux, d'une route contraire,
Aux sages mœurs se montrent insoumis,
La mort survient et rit de les voir faire :
Pauvres humains, redevenons amis.

Sur bien des fronts la vengeance calquée
Transplante en nous bien des divisions,
Et les dehors d'une amitié tronquée
Ont conduit l'homme à des déceptions.
Que pour jamais oubliant nos colères
(Puisque le mal par l'erreur est commis)
La vérité nous fasse vivre en frères :
Pauvres humains, redevenons amis.

J. BORDET,

IV.

LA SAINT-MARTIN DE 1859.

A M. Jacquin, de Coincy.

Air : *Dans un grenier qu'on est bien à vingt ans.*

Grand saint Martin, de pieuse mémoire,
Ton jour de fête est un jour sans pitié ;
Jadis pourtant, si l'on en croit l'histoire,
De ton manteau tu donnas la moitié.
Ne sachant plus où reposer ma tête,
Te maudissant bien loin de te prier ;
Mais quel miracle ! un noble cœur s'apprête
A me créer le seigneur du Vivier.

Mais, ce Vivier, est-ce un manoir antique,
Un noir donjon aux multiples barreaux,
Où le seigneur d'un pouvoir despotique
Faisait jadis enfermer ses vassaux ?
Oh ! nenni, point. Ce manoir tout champêtre,
Sans souvenirs qui puissent effrayer,
N'a qu'une porte, avec une fenêtre,
Cela suffit au seigneur du Vivier.

Dans cet asile où la simple nature
Fait tous les frais de décoration,
Tout parle au cœur et l'amitié plus pure
Y peut régner en jubilation.
Là, tout sourit à l'âme du poëte,
Mille plaisirs accourent l'égayer ;
La solitude est sa plus grande fête,
Est-il heureux ce seigneur du Vivier !

Maître Jacquin, grâce vous soit rendue,
C'est par vous seul qu'il goûte ce bonheur ;
Son amitié pour toujours vous est due,
Par vous l'espoir vient sourire à son cœur.
Pour oublier les rigueurs de la vie,
Du droit chemin pour ne point dévier
Et vivre exempt de toute basse envie,
Dieu ! qu'on est bien au manoir du Vivier !

J. Bordet.

V.

RÉPONSE

A QUELQUES PERSONNES QUI MÊME, SANS LES AVOIR
LUS, AVAIENT TROUVÉ QUE MES VERS N'ÉTAIENT PAS
FRANÇAIS.

Air : *Depuis ce temps vous m'avez pris mon âme*
Ou : *De Béranger à l'Académie.*

Mes bons amis, j'apprends que la critique
Atteint mes vers aussitôt qu'ils sont nés ;
Mes ennemis pour un poëme épique
Ne seraient pas je crois plus acharnés.
Sans être ému des traits de la satire,
Mon fol esprit rime à tort à travers ;
Et pour refrain doucement vient leur dire }
Je suis Français, excepté dans mes vers. } *bis.*

Je ne suis pas, je sais, fort bon poëte,
Mais je préfère ici, j'en fais l'aveu,
La poésie au doux miel de l'Hymette,
Quoiqu'en cet art je sois versé très peu.
Sans aspirer au faîte du Parnasse
On doit s'attendre à subir des revers ;
Pour mes couplets je vous demande grâce : }
Je suis Français, excepté dans mes vers. } *bis.*

Dans mon taudis où je vois la misère,
Chaque matin me venir éveiller,
Je la reçois sans haine, sans colère,
Car j'ai fort bien dormi sans oreiller.
De mes repas, quand trop tôt l'heure sonne,
Quoique buffet et cave soient déserts,
Mon cœur jamais n'a de fiel pour personne :
Je suis Français, excepté dans mes vers. } *bis.*

Bien que privé des dons de la fortune
Je n'en suis pas plus mauvais citoyen,
Contre le sort je n'ai pas de rancune
Et fuis le mal en ne croyant qu'au bien.
Si quelque jour notre belle patrie
De l'étranger devait porter les fers,
Sans hésiter, j'exposerais ma vie :
Je suis Français, excepté dans mes vers. } *bis.*

Vous qui m'avez aidé de vos lumières,
Vous qui m'avez prêté votre concours,
Si vos leçons pour moi sont les premières,
Je n'en dois point oublier le secours.
Mais à l'essaim de ces fausses abeilles,
Dont chaque jour j'entends le bruit divers,
Je ne réponds qu'en bouchant mes oreilles :
Je suis Français, excepté dans mes vers. } *bis.*

J. BORDET.

VI.
LE MANTEAU DE LA PAUVRETÉ.
Air : *Certaine veuve encor gentille.*

Hier, je cherchais dans ma tête
(Les poëtes cherchent toujours)

Le sujet d'une chansonnette
Sur la gloire ou sur les amours :
« Va, la raison souvent s'abuse,
« Un sujet qui n'est pas traité,
« C'est le manteau (me dit ma muse,
Le manteau de la pauvreté. } *bis.*

Or, ce manteau, quoique l'on dise,
A mes yeux a quelque valeur ;
Bien qu'il soit fait de toile bise,
Plus d'un le porte avec honneur.
Tel grand seigneur qui court au Louvre
Pour encenser la royauté,
Souvent ne vaut pas ceux que couvre
Le manteau de la pauvreté. } *bis.*

Si relevant sa tête altière
La fortune domine encor,
Du temps des Rousseau, des Molière
L'esprit ne roulait pas sur l'or.
Homère, l'honneur de sa race,
Qu'on vante dans l'antiquité,
Portait gaîment sous sa besace
Le manteau de la pauvreté. } *bis.*

Le plus grand parmi les illustres,
Préférant l'honneur à l'argent,
Béranger fût plus de huit lustres
Réduit à l'état d'indigent ;
Sous son habit de mince étoffe
Il ne perdait point sa gaieté,
Et chantait en vrai philosophe
Le manteau de la pauvreté. } *bis.*

J. BORDET.

VII.
LA PAIX DE VILLAFRANCA.

Air : Du vieux drapeau.

Oui, les lauriers de la victoire
Doivent ceindre aujourd'hui nos fronts :
Ils sont vierges de tous affronts
Et sont fils de l'ancienne gloire.
Tressons pour ces nouveaux hauts faits
De leurs rameaux une couronne ;
Couvrons les foudres de Bellone
Avec l'olivier de la paix.

Humains, s'il est vrai que la guerre
Est légitime quelquefois
Pour reconsolider nos droits
Et même équilibrer la terre,
Les arts refleurissent après
A l'ombre d'un glorieux trône :
Couvrons les foudres de Bellone
Avec l'olivier de la paix.

Le Pô, le Tessin et le Tibre
Sont témoins de notre valeur,
A vaincre, s'il est de l'honneur,
C'est lorsqu'on rend un peuple libre.
Le glorieux nom de Français
Au cœur de tout chacun résonne :
Couvrons les foudres de Bellone
Avec l'olivier de la paix.

Béranger, de chère mémoire,
Dans un couplet sublime et beau,

Honore dans le vieux drapeau
Les soldats de la grande histoire ;
Mais rappelons-nous au congrès
Les refrains que sa muse entonne : (*)
Couvrons les foudres de Bellone
Avec l'olivier de la paix.

Au lieu de ravager la terre,
Semant la mort sur nos chemins,
Plutôt que grands soyons humains
Et ne démentons point notre ère ;
Sans être fier de nos succès,
Suivons la bonté qui pardonne :
Couvrons les foudres de Bellone
Avec l'olivier de la paix.

J. BORDET.

VIII.

LAISSE-MOI T'ADORER A GENOUX.

Air : *Depuis ce temps vous m'avez pris mon âme.*

Lorsque mon âme en son brûlant délire
S'est de t'aimer fait la plus douce loi,
A mes regards pourquoi toujours sourire,
Puisque ton cœur ne ressent rien pour moi ?
Toi que Dieu fit et si belle et si bonne
Que de ton cœur les anges sont jaloux,
Au désespoir lorsque je m'abandonne,
Ah ! laisse-moi t'adorer à genoux.

(*) La sainte alliance des peuples.

Ne sais-tu pas qu'en malheurs trop féconde,
Pour moi la vie eut toujours peu d'appas,
Et que mes cris perdus en ce bas-monde
N'eurent d'écho qu'en ton cœur ici-bas.
Le saint amour que ton noble cœur donne
Serait pour moi d'un augure bien doux :
Au désespoir lorsque je m'abandonne,
Ah ! laisse-moi t'adorer à genoux.

Puisque pour moi la vie est si pénible,
Que mes tourments ne doivent pas finir,
Viens, puisqu'en toi se trouve un cœur sensible,
Prier le ciel et Dieu de nous bénir.
De ton amour la céleste couronne
De mon destin peut fléchir le courroux :
Au désespoir lorsque je m'abandonne,
Ah ! laisse-moi t'adorer à genoux.

J. BORDET.

IX.

PASSEZ MÉCHANTS.

Réponse à quelques personnes qui ont toujours saisi avec empressement toutes les occasions de m'humilier.

Air : *Du Sauvage.*

Pourquoi vouloir briser mon luth paisible ?
Pourquoi vouloir étouffer mes accents ?
A mon prochain fus-je jamais nuisible,
Et mes couplets furent-ils indécents ?

Pourquoi troubler mon âme dans sa joie,
Hommes souvent prompts à vous irriter?
Pour moi, du bien j'aime à suivre la voie :
Passez, méchants, mais laissez-moi chanter.

Ai-je jamais, quoique dans la misère,
Porté sur vous des regards envieux?
Et n'ai-je pas, comme on aime sa mère,
Toujours aimé mon pays glorieux?
A chaque fil rattachant l'espérance,
De sa grandeur j'espérais hériter ;
Si plus que vous je sais aimer la France,
Passez, méchants, mais laissez-moi chanter.

Ne criez plus haro contre ma muse ;
De rimailler rien ne peut l'empêcher :
Et puis, mon Dieu! mettons qu'elle s'abuse,
Ce n'est pas là bien grandement pécher.
Selon son gré tout homme peut-il naître?
En est-il un, un qui puisse éviter
De se courber sous la loi du grand Maître?
Passez, méchants, mais laissez-moi chanter.

Mais puisqu'il faut, par ordre irrévocable,
Bon ou mauvais, suivre tous son destin,
Ai-je espéré de voir crouler la table
Pour obtenir des miettes du festin?
Pour moi, le mal eut-il jamais des charmes :
Même à vos droits me vit-on attenter?
Non, j'ai souri pour mieux cacher mes larmes ;
Passez, méchants, mais laissez-moi chanter,

                                    J. BORDET.

X.

PLUS BELLE QUE LES ANGES.

—

COUPLETS

dédiés à Mademoiselle M*********

—

Air : *Si le bon Dieu faisait parler les fleurs.*

Toi que Dieu fit plus belle que les anges,
Permets enfin à ma voix dans ce jour,
Malgré le monde et nos destins étranges,
De te jurer le plus sincère amour.
Puisse mon cœur du tien se faire entendre,
Quand je souris à ta naïve foi !
Pour m'inspirer un air joyeux et tendre,
Ange du ciel, que ne suis-je avec toi !

J'avais promis de braver la colère
Même de ceux à qui je fis du bien ;
Mais contre moi j'ai vu s'armer mon frère,
Et j'oubliai le précepte chrétien.
Pour vivre loin des ingrats, des parjures ;
Du bien enfin pour mieux suivre la loi,
Et m'inspirer du pardon des injures,
Ange du ciel, que ne suis-je avec toi !

Va, Dieu peut-être un jour malgré le monde
Réunira nos deux cœurs près de lui ;
Ensevelis dans une paix profonde,
Nous oublierons les méchants d'aujourd'hui.

Mais d'ici là , pour m'éloigner des vices
Des cœurs méchants et de mauvais aloi,
De tes vertus pour goûter les prémices ,
Ange du ciel , que ne suis-je avec toi !

J. BORDET.

FIN.

LAON. — Imp. de A. OYON, rue du Bourg, 15.

www.ingramcontent.com/pod-product-compliance
Lightning Source LLC
Chambersburg PA
CBHW061808040426

42447CB00011B/2538